अनुभवों की पगडंडी

मेरा जीवन मेरी राहें

Anshu Kumari

BookLeaf
Publishing
India | USA | UK

Made with ❤ on the BookLeaf Publishing Platform
www.bookleafpub.in
www.bookleafpub.com

Dedication

To my family, friends and readers. I hope you will enjoy my writing.

Preface

This book of poem is not merely a collection of words but reflects my emotions, thoughts and experience and of course these poem are not only poem for me but also my feelings. I started the journey of writing poetry when I was in school. Writing poetry has always been my passion and I want to give wings to this passion. I always write poetry from my heart and feel it. My poem is inspired by struggles of human, real life incidents, happening in and around society and whatever I feel I write in my poem. I hope you will relate to these poem in your daily life.

Acknowledgements

I sincerely thank my all family members, friends, colleague to always encourage me. Constant support and love of my parents are miraculous. My beloved brother and sister motivate me. They are younger than me but their support is invaluable. My husband supports me well in this journey and is always there for me despite his responsibilities. Writing poem is not just my hobby but became a part of my life. I love writing poem and my husband inspires me to keep going. My sister in law and brother in law understand me. It is because of their support that I am able to balance my life. Now I have even more feelings inside me because recently I became a mother. I get inspired every time I see him. I can only give wings to my dreams if you are with me and of course thanks bookleaf publication to give a platform to explore me and make my dream soar.

1. मेरी जिंदगी

मुझे इस खूबसूरत दुनिया का हिस्सा बनाया,
हाथ पकड़कर चलना सिखाया,
हरेक कदम पर हौसला बढ़ाया,
मेरी मंज़िल को अपना बनाया
हरेक राहों पर सही दिशा दिखाया
मुझे जिंदगी से प्यार करना सिखाया|

मेरे सपने पूरे होंगे, ऐसा विश्वास दिलाया
मेरी राहों में दुखों के कांटों को हटाकर
खुशियों का फूल बिछाया
हरेक कदम पर मुस्कुराना सिखाया
असफलताओं से डटकर सामना करना सिखाया
जिंदगी में सिर्फ सुख के ही पल हो ऐसा ज़रूरी नहीं
दुखों को भी अपनाना सिखाया
मुझे जिंदगी से प्यार करना सिखाया|

जिंदगी अनमोल है ऐसा एहसास दिलाया
हर फ़र्ज़ और कर्त्तव्य को ईमानदारी से निभाना सिखाया
हर रिश्ते को खूबसूरती से निभाना सिखाया
अपने हिस्से की खुशियां मुझपर बरसाया
और मेरे दुखों को उसने खुशी से अपनाया
मुझे जिंदगी से प्यार करना सिखाया|

मुझमें आत्मविश्वास बढ़ाया

हर दुख से लड़ना सिखाया
हर पल ख़ास होते है
समय का महत्व बताया
मेरी जिंदगी संवारने के लिए अपना जीवन लगा दिया
मैं कुछ नहीं थी पर उन्होंने मुझे काबिल बना दिया
उन्होंने मुझे जिंदगी से प्यार करना सिखा दिया|

इस भीड़ भाड़ की जिंदगी में मुझे आगे बढ़ा दिया
मेरे सपनों में उड़ान भर दिया
मुझे मजबूत बनाकर मेरी मंज़िल को आसान बना दिया
इंसानियत का हर पाठ पढ़ाया
मैं कभी नहीं टूटूंगी मुझे एहसास दिलाया
मुझे भी ईश्वर ने एक खूबसूरत तोहफा दिया
कि दुनिया के सबसे अच्छे मां बाप ने मुझे जन्म दिया
जिन्होंने मुझे जिंदगी से प्यार करना सिखा दिया|

2. खुद पर विश्वास

आंखों में सपने लेकर तू चल
अपने राहों के मुश्किलों का
सामना करके तू चल
अपनों का साथ लेकर
खुद की कामयाबी का
विश्वास लेकर तू चल|

मेहनत रंग लाती हैं
इस हौसले से चल
अक्सर लोग हार जाते हैं
उस हार को जीत में बदलकर तू चल
मंज़िल तो मिलेगी ही मिलेगी
इस विश्वास से तू चल|

गुलाब की खुशबू के लिए कांटो से मत डर
सफलता के लिए असफलता से मत डर
सुख के लिए दुख से मत डर
कामयाबी के लिए त्याग से मत डर
आसमा को छूने के लिए ऊंची उड़ान से मत डर
जिंदगी में हारने की डर से मत डर
मंज़िल तो मिलेगी ही मिलेगी
इस विश्वास से तू चल|

3. मेरी लाडली

जिस आंखों से मैं अपनी लाडली को हमेशा चहकते देखता था
आज उसी आंखों से मैं उसे तड़पते देखता हूँ।
उसकी झोली में मैंने खुशियों की बौछार डाली थी
आज उन सब खुशियों को बिखरते देखता हूँ।
उसकी आंखो में बहुत सारे सपने थे
आज उन सब सपनों को टूटते देखता हूँ।
जिस आंखों से मैं अपनी लाडली को हमेशा चहकते देखता था
आज उसी आंखों से मैं उसे तड़पते देखता हूँ।

उसकी जिंदगी में कुछ ख्वाहिशें थी
उन सब ख्वाइशों को त्याग करते देखता हूँ
जो अपनी जिंदगी से बहुत प्यार करती थी
आज उसे ही अपनी जिंदगी को कोसते देखता हूँ
जिस आंखों से मैं अपनी लाडली को हमेशा चहकते देखता था
आज उसी आंखों से मैं उसे तड़पते देखता हूँ।

वह सामाजिक कुरीतियों के खिलाफ़ हमेशा लड़ती थीं
पर आज उसी को उस अन्याय से सहते देखता हूँ
उस पर सब जुल्म करते गए
वो सब सहती गई मेरे लिए
जिस आंखों से मैं अपनी लाडली को हमेशा चहकते देखता था
आज उसी आंखों से मैं उसे तड़पते देखता हूँ।

जिसकी खुशी के लिए मैंने अपना सबकुछ बेच डाला

पर कभी उसे ख़ुशी दे ही नहीं पाया मैं
मेरे पास अब कुछ नहीं है उसे देने के लिए
और उसके पास कुछ नहीं हैं अब खोने के लिए
जिस आंखों से मैं अपनी लाडली को हमेशा चहकते देखता था
आज उसी आंखों से मैं उसे तड़पते देखता हूँ

4. असफलता से सफलता की ओर

हाथों की लकीरें नहीं, तेरी मेहनत तेरी मंज़िल तक पहुंचाएगी,
तेरी मेहनत से असफलता भी अपने सिर झुकायेगी|

तेरी कामयाबी के बड़े किस्से बनेंगे,
तेरी मेहनत भी तुझ पर गर्व करेगी|

असफलताओं के वक्त जब तेरे चेहरे रूठे थे,
वही असफलता से सीखकर तेरे चेहरे खिलेंगे|

तेरी जिंदगी का हरेक पन्ना,
तेरी कामयाबी का गवाह बनेगी|

असफलता के वक्त जब तेरे कदम डगमगाए थे,
वही असफलता से कामयाबी के बाद तेरे कदम शान से चलेंगे|

वो रातों के सपने पूरे होंगे, जो तूने जाग कर देखे थे,
वो सारी ख्वाहिशें पूरी होंगी, जो तूने कही खो दी थी|

तेरे आंखो से दुख के बदले,
ख़ुशी के आंसू छलकेंगे|

दर दर अपनी मंज़िल ढूंढने वाली,
तेरी मंज़िल ख़ुद तेरे पास आएगी|

5. आगाज़- नए एहसासों का

उलझनों को सुलझने दो ज़रा,
जिंदगी के पन्नों को खुलने दो ज़रा|

कुछ तुम समझो, कुछ मुझे समझने दो ज़रा,
मेरी बातों को मेरी आंखों से पढ़ लो जरा|

ख़्वाबों की दुनिया में मुझे जीने दो ज़रा,
तेरे सपनों में मुझे आने दो ज़रा|

मेरे सीने में तेरा दिल धड़कनें दो ज़रा,
तेरा यहां न होने पर भी तेरा एहसास होने दो ज़रा|

उलझनों को सुलझने दो ज़रा,
जिंदगी के पन्नों को खुलने दो ज़रा|

6.

तेरी यादों का सफ़र

उन उलझनों का क्या, जो तेरे बिन सुलझाती रही,
उन ख़्वाबों का क्या, जो तेरे बिन सजाती रही|

मेरी मुस्कुराहट, जो तेरे मुस्कुराते हुए
तस्वीरों को देख मुस्कुराती रही|

तुझसे बातें न हो तो, खुद को बड़ी
मुश्किलों से समझाती रही|

कुछ बातें जो मैं अधूरी रखती रही,
कुछ रातें जो मैं अधूरी रखती रही|

तेरी कहानियों में, मैं ख़ुद को हिस्सा बनाती रही,
तुम्हारी यादें, जो अपने सिरहाने रख सोती रही|

वो उलझने, जो तेरे बिन सुलझाती रही,
वो ख़्वाब, जो तेरे बिन सजाती रही|

7. उम्मीद, आशाएं और विश्वास

ओस की बूंदों सी शीतल,
या हो सूरज की किरणों सा तेज़|

नम हो कभी आँखें,
कभी हो खुशियों के आंसू|

हो कभी पाबंदियां वक्त की,
कभी पूरा समय तुम्हारा|

तुम हो तुम्हारा अस्तित्व हो तुम,
इसलिए इश्तियाक भी तुम्हारा|

चाहे वो चाह हो कुछ पाने की,
या हो कुछ करने की|

शायद न हो वक्त की मजबूरी,
खुशियों से जहां हो तेरा संसार|

उम्मीद हो तुम आशाएं हो तुम,
नियति हो तुम ख़ुद की|

8. जिंदगी का सफरनामा

ए जिंदगी तुझसे क्या छुपाऊ|

मुश्किलें तो बहुत दी,
पर सामना करना भी खूब सिखाया|

कांटों के सफ़र में,
फूल बनकर खिलना भी तुमने सिखाया|

मेरे सामने खुला आसमां दे दिया,
और उड़ना भी तुम्ही ने सिखा दिया|

ए जिंदगी तुझसे क्या छुपाऊ|

खुशियां भी ढेर सारी दी,
और उसे दिल खोलकर मनाना भी खूब सिखाया|

इन आंखों ने सपने देखे,
पर पूरा करने का हौसला भी तुम्ही ने दिया|

मंजिलों तक पहुंचना था मुझे,
पर उन रास्तों पर चलना भी तुमने सिखाया|

ए जिंदगी तुझसे क्या छुपाऊ,

इस जिंदगी को अपनाना भी तो तुम्हीं ने सिखाया|

9. खामोश दिल

क्यूं बिखर जाता हैं, क्यूं चुप हो जाता हैं
मैं जानती हूँ, समझती भी हूँ
तेरी बेबसी तुझे रूलाती हैं
तू किसी से कम नहीं, फिर भी ये समाज तुझे कम आंकती हैं
क्यों डरता है तू उस समाज से
तेरी दुनिया तो तू ख़ुद हैं, जिसे तेरे सपने बुलाती हैं
क्यूं बिखर जाता हैं, क्यूं चुप हो जाता हैं|

क्या हुआ तू फेल हो गया इम्तिहानों में
तेरी कोशिशें ही तुझे मजबूत बनती हैं
अपनी असफलताओं का नहीं, एक बार अपने कोशिशों का जश्न मना
कर तो देख
असफलताओं से तेरी सांसे तो थम जाती हैं
लेकिन तेरी जिंदगी का क्या
वो तेरी जिंदगी नहीं जिंदगी का एक हिस्सा हैं
क्यूं बिखर जाता हैं, क्यूं चुप हो जाता हैं|

क्यूं ख़ुद को दूर करता है ख़ुद से
क्यूं तुलना करता है दूसरों से
अपने हौसलों को हमेशा बुलंद रखकर तो देख
अपनी जिंदगी को एक बार जी कर तो देख
क्यूं टूट जाता हैं, क्यूं ख़ामोश हो जाता हैं तू
क्यूं बिखर जाता हैं, क्यूं चुप हो जाता हैं तू|

10. उम्मीद(Covid के दौरान)

छोड़ कर सारे सपने, हम चल दिए,
छोड़ कर सारी उम्मीदें, हम चल दिए|

वो सफ़र था, जो अपनों को रूला गया,
वो सफ़र था, जिसमें अपनों का साथ छूट गया|

कितनों की रेल की पटरिया ही आखिरी सफ़र बन गया,
आंसुओं से भरे आंखों से सारे हिम्मत छलकते गए|

वो गर्मी की कड़कड़ाहट धूप में,
खाने को रोटी, दो बूंद पानी को तरस गए|

बस चाह थी जीने की ,
हौसला टूटता गया, सफ़र बढ़ता गया|

अपनों की खातिर सब छोड़ चला,
अपने दर्द के आंसुओं को छुपाता चला|

न जाने कैसा दिन होगा, ये सोचकर भी मन न घबराया,
अपनों के लिए कुछ कर ही लूंगा, ख़ुद को समझाता गया|

उस राह में कांटों का दर्द था,
पैरों पर छाले पड़े, माथे पर सिकन था|

बस चाह थी जीने की,
हौसला टूटता गया, सफ़र बढ़ता गया|

11. तेरा हिस्सा

मुक्कमल होगी वो खुशियां,
जो तेरे हिस्से में हैं।

पूरी होगी वो मुरादे,
जो तेरे हिस्से में हैं।

ख़्वाब यूं ही बिखरा नहीं करते,
सपने यूं ही टूटा नहीं करते।

वक्त ख़ामोश ही सही,
पर हर पल बयां देती हैं।

वक्त घने अंधेरे ही सही,
पर हर पल रौशनी की नई उम्मीद जगाती हैं।

शायद तेरी वो मुस्कुराहट भी झूठी,
पर एक नई शुरुआत की दिशा देती हैं।

वो तेरा हौसला भी अडिग,
जो जिंदगी के मायने सिखाती हैं।

ये कमबख्त जिन्दगी में भी न,
अनकहे सपने होते हैं।

उन सपनों के लिए,
न दिन होती है न शाब होती हैं |

पर वो खुशियां मिल ही जाती हैं,
जो तेरे हिस्से में होती हैं|

वो मुरादें पूरी हो ही जाती हैं,
जो तेरे हिस्से में होती हैं|

12. इंतजार छुट्टियों की

वो दो दिनों की ही सही,
पर खुशियां हज़ार गुना बढ़ जाती हैं।

पापा के साथ क्रिकेट मैच,
या मम्मी के साथ देश दुनिया की खबरें।

मम्मी के साथ मिलकर रसोई में नई रेसिपी बनाना,
और पापा को उसका स्वाद चखाना।

बच्चों के साथ बच्चे बन जाना,
बेफिक्र होकर खुद को भी तरासना।

वो दो दिनों की ही सही,
पर खुशियां हज़ार गुना बढ़ जाती हैं।

जाने से पहले वो पैकिंग,
और चेहरे पर मुस्कुराहट लेकर घूमना।

वो सफ़र का भी खास हो जाना,
और जाते ही खुद की बातें सबको बतलाना।

वो दो दिनों की ही सही,
पर खुशियां हज़ार गुना बढ़ जाती हैं।

क्या करूं घर की बहुत याद आती हैं,
इस चारदीवारी में खुद को साथी बना लिया|

वो घर का खाना और घर की नींद,
बड़ा ही सुकून दे जाती हैं|

वो दो दिनों की ही सही,
पर खुशियां हज़ार गुना बढ़ जाती हैं|

13. गृहिणी - खुद एक पहचान

तू डॉक्टर नहीं, पर तेरे पास हर मर्ज की दवा होती हैं,
तू टीचर नहीं, पर तेरे पास सभी प्रश्नों का हल होता हैं|

दबी-दबी आवाज़ में रहने वाली,
अपनों के लिए समाज से भी लड़ जाती हैं|

सब कहते हैं तू कमाती नहीं,
फिर भी तेरे काम में छुट्टी नहीं|

तेरे न होने से टिफिन नहीं बनता,
तेरे न होने से नाश्ता नहीं बनता|

अगर कोई बीमार पड़े तो खुद को भूल जाती हैं,
अगर तू बीमार पड़े तो घर का सारा काम रूक जाता हैं|

सब कहते हैं तू कमाती नहीं,
फिर भी तेरे काम में छुट्टी नहीं|

तेरे होने से स्कूल बैग तैयार होते हैं,
तेरे होने से होमवर्क बनते हैं|

तेरे होने से होली में पकवान बनते हैं,
तेरे होने से दिवाली में रौशनी होती हैं|

तेरे न होने से कुछ भी नहीं
तेरे न करने से कुछ भी नहीं|

सब कहते हैं तू कमाती नहीं,
पर फिर भी तेरे काम में छुट्टी नहीं|

14. आखिर क्यूं...

उन मासूमों का क्या कसूर हैं,
जिसके सपने पूरे होने से पहले ही कुचल दिया गया|
जिसके जिस्म फूलों की तरह नाजुक,
दरिंदों ने छन्नी छन्नी कर दिया||

फिर भी हर बार क्यूं,
लड़कियों पर ही ऊंगली उठाया जाता हैं|
फिर भी हर बार क्यूं,
उसके सपनों के पंख को काट दिया जाता हैं|

हर बार क्यूं उसके छोटे कपड़ों पर ही
सवाल उठाया जाता हैं|
हर बार क्यूं उसके लड़कों की दोस्ती की बातों को
पूरे समाज में चर्चा का विषय बनाया जाता हैं|

किससे करूं सवाल, किस पर करूं विश्वास,
बिना जुर्म के क्यों लड़कियों को ही सजा सुनाया जाता हैं|

बेटी के पिता होने का क्यूं पछतावा कराया जाता हैं,
हर बार एक मां के दर्द को क्यूं झकझोरा जाता हैं|

जिस्म की भूख में मासूमों की
मासूमियत को रौंदा जाता हैं|
इस हवस में निर्दोषों को,

कलंक का नाम दे दिया जाता हैं|

हर बार क्यूं द्रौपदी के केश खींचे जाते हैं,
क्यों हर बार सीता को चुराया जाता हैं|
बदले की भावना में क्यों
लड़कियों को ही शिकार बनाया जाता हैं|

किससे करूं सवाल, किस पर करूं विश्वास,
बिना जुर्म के क्यों लड़कियों को ही सजा सुनाया जाता हैं|

देश को गौरांवित करने वाली लड़कियों को
क्यों शर्मिंदा कराया जाता हैं|
हमारे देश के होने वाली वकील को
पहले ही हरा दिया जाता हैं|

होने वाली डॉक्टर को
पहले ही मार दिया जाता हैं|
होने वाली व्यावसायिक महिला को,
पहले ही दिवालिया घोषित कर दिया जाता हैं|

होने वाली शिक्षिका जो एक सुन्दर भविष्य बनाने वाली थी,
उसी के भविष्य के साथ खिलवाड़ किया जाता हैं|
समाज सुधार करने वाली को ही,
समाज से बहिष्कार किया जाता हैं|

उम्मीद के दीपक को हर बार बुझाया जाता हैं,
ख़्वाबों का गला हर बार घोटा जाता हैं|

क्यूं हर बार बर्बरता का हद पार किया जाता हैं,
क्यों हर बार इंसानियत की धज्जियां उड़ाई जाती हैं|

सपनों का चिता हर बार जलाया जाता हैं,
हमारे दर्द को हर बार निचोड़ा जाता हैं|

तुम्हे क्यों अफ़सोस नहीं, तुम्हारे कारण
आज़ाद परिंदो को बेड़ियों में बांध दिया जाता हैं|

किससे करूं सवाल, किस पर करूं विश्वास,
बिना जुर्म के क्यों लड़कियों को ही सजा सुनाया जाता हैं|

15. होली

बच्चों की क्या मंडली हुआ करते थे,
कोई न मिले तो एक दूसरे पर ही रंग लगा दिया करते थे|

जो रंग से भागते थे,
उसी ही रंग लगाने को उसके पीछे भागा करते थे|

मां के बने पकवानों को,
बेफिक्र इधर उधर भागते हुए खाया करते थे|

उस पिचकारी की क्या बात थी,
जिसमे खुशियों के रंग निकलते थे|

उस उड़ते हुए अबीर की क्या बात थी,
सभी रंगों के अबीर एक दूसरे में समा जाया करते थे|

लोग अमीरी गरीबी का भेदभाव भूल,
एक दूसरे को गले लगाते थे|

पर आज व्यस्तता वाली जिंदगी में होली के रंग धुंधले पड़ गए,
आज की महंगाई में पकवान बेस्वाद हो गए|

इस बढ़ती बेरोजगारी में लोग अबीरों के रंग भूल गए,
बढ़ती गरीबी से बच्चों के हाथों से पिचकारी छूट गए|

लोग घर की चारदीवारी में सिमट गए,
भाईचारे की जिंदगी से दूर हो गए।

पहले होली को महसूस किया करते थे,
अब औपचारिकता के तौर पर मनाते है।

क्यों न इस होली से नई शुरुआत करे,
इस होली हुड़दंग वाली खुशियों को भरे।

क्यों न उस ख़ुशी की ओर अपने कदम बढ़ाते हैं,
सब भेदभाव छोड़ समानता वाली होली मनाते हैं।

16. नारी

तू नारी हैं, तू सबसे प्यारी
तू अभिमान हैं, तू सम्मान हैं|

तुम न रूकना, तुम न झुकना
तू नारी हैं, तू सबसे प्यारी|

तुझसे ही तो दुनिया सारी
तुझसे ही तो जग निराली|

अब आग में तू नहीं जलेगी
अब कोख में तू नहीं मरेगी|

तू पढ़ेगी, तू बढ़ेगी
तू नारी हैं, तू सबसे प्यारी|

देश की तू शान हैं,
देश की तू मान हैं|

तू क्यों डरती हैं, क्यों घबराती
तू नारी हैं, तू सबसे प्यारी|

17. दीपावली

रौशनी दीपों की और खुशबू मिठाइयों की,
और जगमगाहट हो घरौंदे कि लरियों की।

रौनक नए नए कपड़े और ढेर सारे उपहारों की,
रंग बिरंगे फूलों की सजावट और मन में बेचैनी पटाखों की।

वो रंगोली के ढेर सारे रंग,
और पंखुड़ियां फूलों की।

बात हो बचपन की या हो आज की,
दिवाली की खुशियां तो अपनों के साथ ही।

यह दिवाली अपने साथ सबकी खुशियां लाए,
इसकी रौशनी की तरह सबकी जिंदगी रौशन हो जाए।

18. दौर- हार से जीत का

मुझे हारना नहीं, जीतना हैं

हिम्मत टूटेंगे, बस अपने हौसलों को क़ायम रखना हैं
मेरे डगमगाते कदम को भी शान से बढ़ाना हैं|

मुझे हारना नहीं, जीतना हैं

कही मेरे सपनों की चिंगारी बुझ न जाए, उसमें हर वक्त फूंक मरना हैं
हर मुश्किलों में भी ये जज़्बा रखना हैं|

मुझे हारना नहीं, जीतना हैं

मंज़िल की राहें कठिन होती हैं, उस पर चलकर मजबूत बनना हैं
मुझे हर अंधकार के बाद सूर्य की तरह चमकना हैं|

मुझे हारना नहीं, जीतना हैं

हर विपत्तियों के साथ, आगे बढ़ते ही रहना हैं,
हर कामयाबियों को एहसास करना हैं|

मुझे हारना नहीं, जीतना हैं

अपनी काबिलियत से, मुझे अलग पहचान बनाना हैं
अपनी मंज़िल के लिए रास्तों को आसान बनाना हैं|

मुझे हारना नहीं, जीतना हैं

अपनी मेहनत से, सफलता की परिभाषा लिखना हैं
जिंदगी में कुछ बन ख़ुद को साबित करना हैं|

मुझे हारना नहीं, जीतना हैं

कल जो देखे सपने,आज पूरा करना हैं
बिता हुआ कल मेरे नाम न सही, आने वाला कल खुद के नाम करना
हैं|

मुझे हारना नहीं, जीतना हैं|

19. नए साल की शुरुआत

कुछ ख़्वाब थे, कुछ थे हकीक़त
कुछ अध्याय शुरू हुए, कुछ का अंत हुआ|

कुछ बुरा हुआ, और कुछ अच्छा
कुछ हुए सपने पूरे, कुछ रह गए अधूरे|

कुछ उलझने सुलझती गई और कुछ उलझती
कुछ वक्त आगे बढ़ा, कुछ थम सा गया|

कभी मैं वक्त के आगे झुक गई,
कभी वक्त ने मुझे हरा दिया|

कभी मिली जिंदगी से प्रेरणा,
कभी हार गई उस जिंदगी से|

कभी सबकुछ पाने की उम्मीद की,
कभी उन उम्मीदों से टूट गई|

कभी रास्ते मिले मंज़िल के,
कभी उन रास्तों में लड़खड़ा गई|

नए साल में नई उम्मीद, नई आशाएं
और नए साल में नए सपने और नया अध्याय|

20. भाई

मैं कैसे हार जाऊं, मैं कैसे टूट जाऊं
मेरे सपने सिर्फ मेरे नहीं ये बात मैं कैसे भूल जाऊं|

मुझे मेरी मंज़िल तक पहुंचाने के लिए वो मुझे प्रेरित करता
मेरे और मेरे सपनों के बाधाओं के बीच हमेशा खड़ा रहता|

मैं बड़ी हूँ लेकिन मेरा बड़ा भाई बनकर मुझे अक्सर समझाता
और जब मैं रूठ जाती बच्चा बनकर मुझे हंसाता|

कभी मेरा दोस्त बनकर हर बात बताता
और कभी मां बनकर मेरी फ़िक्र करता|

कभी दादा नाना बन मुझे डांट देता
और कभी पिता बन मुझे दुलार कर देता|

कभी कभी मेरी बहन बन घंटों गप्पे लड़ाता
और कभी टीचर बनकर मेरा उत्साह बढ़ाता|

मैं जब भी हार जाती, वो मुझे सीने से लगा लेता
मेरे कदम लड़खड़ाने से पहले ही वो मुझे संभाल लेता|

मेरे सपने वो बुनने लगा, मेरी खुशियों में वो खुश होने लगा
वो अपनी फ़िक्र से ज्यादा मेरी फ़िक्र करने लगा|

वो मुझे अक्सर कहता आप चिंता मत करो मैं हूँ न
तो मैं कैसे हार जाऊं, मैं कैसे टूट जाऊं
मेरे सपने सिर्फ मेरे नहीं ये बात मैं कैसे भूल जाऊं|

21. हमसफर

हमारी दुनिया थी अलग,
हमारे अंदाज़ थे अलग|

हमारे रिश्ते में न कोई राज था,
बस हमारी जिंदगी का एक खूबसूरत आगाज़ था|

हम एक दूसरे का साथ बनते गए,
हम एक दूसरे का आवाज़ बनते गए|

मुझे हरेक खुशियों से रूबरू कराया,
मेरे दुखों में हमेशा साथ निभाया|

मैं तो अपनी जिंदगी से थक ही जाती,
अगर तुम्हारी उम्मीदों वाली बातें न होती|

मैं तो अपने सपनों को पीछे छोड़ देती,
अगर मैं मेरे सपने तुम्हारे आंखों में न देखती|

हर दुख के बाद खुश होना ही भूल जाती
अगर तुममें दुखों में भी हिम्मत न देखती|

मैं तो कब का हिम्मत हार जाती,
अगर तुमसे बातें कर हिम्मत न जुटाती|

खुशियों में भी खुश न होती,
अगर तुम्हारे साथ छोटी छोटी खुशियां भी दिल खोलकर न मनाई होती|

मैं हमेशा अपने फैसलों पर सवाल उठाती,
अगर तुम्हारी बातें मुझे प्रेरित न करती|

हम कही न कही अपनी जिम्मेदारियों से आगे बढ़ गए,
लेकिन हमारे रिश्ते आज भी वही हैं|

हम मिलकर यूंही चलते रहेंगे,
हम मिलकर यूंही सपने पूरे करेंगे|

www.ingramcontent.com/pod-product-compliance
Lightning Source LLC
Chambersburg PA
CBHW050954030426
42339CB00007B/390
* 9 7 8 1 8 0 7 1 5 2 3 3 8 *